DE LA FORGE

DES

ENCLUMES.

Par M. Duhamel du Monceau.

M. DCC. LXII.

Dans la quatrieme Section de l'Art des Forges, où se trouve la Traduction du *Traité du Fer de Swedemborg* , on voit une Analyse des Eaux de Passy , à la fin de laquelle on lit ce qui suit :

On ne découvre dans ces Eaux rien de salin , ni de vitriolique , ni rien de nitreux ; au reste , il est démontré que ces Eaux contiennent un peu de fer , beaucoup de gyps , & qu'elles sont peu utiles.

Mais ce texte n'est pas exact : les excellentes Analyses qu'on a faites de ces Eaux depuis la premiere Edition de l'Ouvrage de Swedemborg , y ont démontré la présence de plusieurs sels moyens ; & l'expérience journaliere fournit des preuves très-fréquentes du bon usage de ces Eaux pour guérir plusieurs maladies.

L'Académie ayant remarqué cette erreur a jugé à propos d'en avertir le Public.

DE LA FORGE DES ENCLUMES.

Par M. Duhamel du Monceau (*).

LES Enclumes font des maffes de fer acérées, plus ou moins groffes, fur lefquelles on forge différents métaux, pour leur faire prendre les formes qu'on defire. Elles font, après les ancres, une des plus groffes pieces de forge qu'on ait coutume de travailler, puifqu'il y en a qui pefent quatre, cinq, fix cents, mille, & même plus. On a coutume de fabriquer les plus fortes enclumes dans les grandes forges; on y coule même quelques gros tas : ces enclumes étant de pur fer de gueuze, font les plus mauvaifes. On trouve communément deux efpeces d'enclumes chez les Marchands, dont les unes font faites avec du fer de loupe : fi l'on confulte ce que nous avons dit fur les ancres, on fçaura que les loupes font du fer de gueuze, c'eft-à-dire, du fer fondu qui a été paffé à l'affinerie, & auquel on a enfuite donné quelques coups de marteau. On forme avec ce fer brut des mifes amorcées en forme de coins, qu'on ajoute au bout d'un ringard, & qu'on foude les unes aux autres pour donner la forme à ces enclumes. Nous ne nous étendrons pas davantage fur ce point, parce que ces fortes d'enclumes ne font pas à beaucoup près auffi bonnes que celles dont nous allons parler.

Pour faire les bonnes enclumes, on forge, & on étire au gros marteau un parallélipipede de fer bien épuré *A* (*fig.* 7); on y foude un *ringard B.*

Comme on le voit en *C* (*fig.* 8), *a b* doit faire une partie de la largeur de l'enclume, & *b c* fa hauteur.

Comme le parallélipipede *C* doit être foudé fur un autre tout pareil, on *martele* une de fes faces avec la *tranche S* (*fig.* 13 de la vignette), comme on le voit à la face *C* (*fig.* 8).

<hr>

(*) On n'a trouvé dans le dépôt de l'Académie qu'une feule planche, fur laquelle on a ajouté quelques nouvelles figures ; mais aucuns Mémoires fur cette matiere.

ENCLUMES. A

Pour une enclume ordinaire, on forge quatre parallélipipedes semblables à C (*fig.* 8); ensuite on donne une bonne chaude suante aux deux faces qui se doivent toucher, & qui font martelées, comme il a été dit: quand les deux parallélipipedes font bien chauds, on les pofe l'un fur l'autre, comme D E (*fig.* 9); & avec le gros marteau, on les foude; puis on coupe le ringard E; on martele la face d; alors la moitié du corps de l'enclume eft faite: on forge une autre piece toute pareille à E D; & en chauffant à fuer les faces d dans deux forges différentes, on les applique l'une fur l'autre; on les foude, & par ce moyen on a un gros parallélipipede e f g h (*fig.* 6), qui fait le corps de l'enclume: i k, font les ringards dont on n'a repréfenté qu'un bout pour ne point embarraffer la planche.

Si l'on foudoit encore un parallélipipede femblable à E D (*fig.* 9), fur la face g h l k; en rapportant une couche d'acier fur la face F, on auroit un gros tas propre à étirer du fer ou à forger de très-groffes pieces. Nous en avons repréfenté de pareilles dans l'Art de la forge des ancres, ainfi que celui C (*fig.* 5 de la vignette), qui n'eft gueres plus difficile à faire que celui dont nous venons de parler.

Ces enclumes fe font aux groffes forges; & leur fabrique eft fi fimple que nous nous contenterons du peu que nous venons de dire: le feul article qui mériteroit quelques détails, eft la façon d'appliquer la table d'acier fur la face F (*fig.* 6), & de lui donner la trempe; mais ces deux points feront amplement détaillés dans la fuite; ainfi nous allons expliquer comment ayant un corps femblable à celui marqué F (*fig.* 6) on peut en fabriquer une enclume femblable à celle marquée h (*fig.* 20) ou à celle marquée i (*fig.* 21).

Cet ajuftement fe fait ordinairement dans les groffes forges pour les enclumes neuves; mais il y a des Forgerons qui courent les villages pour radouber & rétablir les enclumes rompues; & il eft fingulier que ces gens qui ne portent avec eux que deux foufflets à un vent, & quelques marteaux, parviennent à rétablir toutes les pieces qui manquent à une groffe enclume: bien plus, leur ayant fourni un morceau de fer ou un corps d'enclume femblable à F (*fig.* 6), ils nous en ont fabriqué une enclume femblable à celle marquée i (*fig.* 21), & très-exactement exécutée. C'eft ce travail que je me propofe d'expliquer, parce qu'il faut de l'induftrie pour exécuter d'auffi gros ouvrages, fans le fecours d'aucune machine; tout le travail dont nous allons parler eft le même que celui qui s'exécute avec plus de facilité dans les grandes forges où l'on a des machines folidement établies, & des foufflets très-grands, ce qui rend le travail beaucoup plus aifé.

Le maître Forgeron arrive ordinairement avec deux compagnons & fes deux foufflets; comme il travaille prefque toujours pour des Maréchaux & pour des Serruriers, il trouve à emprunter un soufflet à deux vents pour la petite forge, & une enclume pour forger les mifes : il trouve aufli par-tout des Ouvriers qui favent mener le marteau ; car on forge prefque toujours à quatre marteaux pour profiter, le plus qu'il eft poffible, des chaudes, & ménager le charbon. Ces gens bâtiffent affez groffiérement une petite forge *a* (*fig.* 1): *a* en eft le foyer & le chevet ; *b*, le foufflet à deux vents ; *c* eft un petit garçon qui le fait agir. On voit en *d* une mife qui chauffe, & en *e* une enclume pour forger les mifes : cette petite forge reffemble en tout aux forges ordinaires.

La grande forge (*fig.* 2, 3 & 4) mérite plus d'attention : les Forgerons bâtiffent un mur *a* qui fait le chevet de la forge, & qui eft traverfé par les bufes & les tuyeres des foufflets ; devant ce mur *a*, ils font avec des pierres & quelquefois avec des morceaux de bois, le foyer *e* de la forge qu'ils rempliffent de cendres & de frafil, ou plûtôt de craffe de forge ; au-devant, un peu plus loin du feu qu'il n'eft repréfenté dans la figure 2, eft un gros billot de bois *h* pofé debout ; il ne doit pas être plus élevé que le foyer de la forge : c'eft fur ce morceau de bois qu'on forge les enclumes ; car, comme on ne chauffe jamais le corps des enclumes que fur le côté où l'on foude les mifes, la face oppofée n'eft pas affez chaude pour brûler le morceau de bois fur lequel on a foin de jetter de l'eau & des cendres quand il eft néceffaire.

Les Forgerons ambulants n'ont ni courant d'eau, ni autre machine équivalente pour faire agir leurs foufflets ; néanmoins ils ont befoin d'un vent violent pour chauffer fuffifamment d'aufli groffes maffes de fer.

Pour cet effet, ils établiffent derriere le mur *a*, les deux grands foufflets *h*, *l*, qu'ils ont apportés avec eux ; ces foufflets ont fix à fept pieds de longueur fur deux pieds fix à huit pouces feulement de largeur. Ils ne peuvent pas être plus larges, parce que, comme on les fait agir avec les pieds, en refoulant alternativement les deux panneaux fupérieurs, il faut que les pieds puiffent être placés à peu-près au milieu de la largeur de ces panneaux, pour les comprimer régulierement.

En jettant les yeux fur la figure 4, on voit que les quatre hommes qui font debout l'un devant l'autre, ont un de leurs pieds fur le panneau fupérieur du foufflet *h*, & l'autre pied fur le foufflet qui lui eft parallele. On conçoit qu'en levant le pied droit pour porter tout le poids du corps fur le pied gauche ; & enfuite le pied gauche pour porter tout le poids du corps fur le pied droit, on refoule alternativement les deux foufflets. Mais il faut une puiffance qui faffe relever les foufflets quand ils font déchargés du poids des quatre hommes : deux perches pliantes, *i k* font cet office, au moyen d'une corde qui lie le haut de chaque perche avec l'extrémité *l* des foufflets : ces perches font la fonction de deux grands reſſorts ; elles relevent les ſoufflets quand ils ſont déchargées du poids des hommes. Il eſt vrai que l'action des hommes ſur les ſoufflets eſt diminuée de la force qu'il faut pour plier les reſſorts ; mais il en reſte encore aſſez pour faire un vent très-violent. L'exercice des ſouffleurs eſt fatiguant ; cependant quand le fer eſt chaud, ces ſouffleurs deſcendent de deſſus les ſoufflets pour prendre chacun un marteau ; & quand la miſe eſt en place, ils remontent promptement ſur les ſoufflets, afin de ne point laiſſer refroidir le fer, & économiſer le charbon.

Pour donner une chaude au corps de l'enclume, on creuſe un trou dans la cendre qui fait le fond de la forge, & on le remplit de charbon, ſoit charbon de terre, ſoit charbon de bois, ſelon les endroits où ils travaillent ; mais les Forgerons prétendent que, quand on peut avoir de ces deux eſpeces de charbon, le mieux eſt de les mêler enſemble ; que le feu en eſt plus actif, & qu'il ſe forme moins de craſſe dans la forge. On poſe la face de l'enclume qu'il faut chauffer, ſur le lit de charbon ; on en ajoute encore tout autour ; & de temps en temps le Maître Forgeron *d* (*fig.* 3), qui fait ici la fonction d'Attiſeur, attire à lui les craſſes, & foure de nouveau charbon ſous l'enclume, principament du côté des ſoufflets.

Il ne faut point que le vent des ſoufflets donne ſur le fer quand on veut chauffer ; c'eſt pourquoi le *Jaugeur c* (*fig.* 2) ſoutient continuellement l'enclume un peu élevée au-deſſus du vent, tandis que l'Attiſeur fait paſſer du charbon par deſſous ; ſi le feu s'anime trop, l'Attiſeur prend de l'eau avec la ſebille *g* (*fig.* 13), il la jette ſur les endroits où le feu eſt trop vif, & ordinairement il ajoute en ces endroits une pellée de charbon de terre mouillé ; car ici, comme dans toutes les autres forges, il faut que le charbon faſſe une croûte qui tienne lieu du dôme des fourneaux de réverbere. Une enclume de deux cents peſant peut être chauffée, & en état de recevoir des miſes en moins d'une heure ou de cinq quarts-d'heure.

Après avoir expliqué comment on donne une chaude à la grande forge, je vais ſuivre en détail la façon de joindre au corps *F* (*fig.* 9) toutes les miſes qui ſont néceſſaires pour en faire une enclume parfaite.

La premiere opération conſiſte à faire à un des côtés & au-deſſous du corps de l'enclume *F fig.* 6, des trous ſemblables à *L* (*fig.* 14) : on verra dans la ſuite qu'au moyen de ces trous dans leſquels on a paſſé une barre de fer qui répond à un levier de bois, on a un ringard volant qu'on nomme *Jauge*, au moyen duquel l'Ouvrier manie une groſſe maſſe de fer avec beaucoup de facilité. L'Ouvrier *c* (*fig.* 2), qu'on nomme *Jaugeur*, eſt aſſis ſur ſa *jauge*, pendant que le fer chauffe ; *m* eſt le manche de cette jauge ; *n* eſt la clef ou cheville qui le traverſe en croix ; le Jaugeur, en appuyant tantôt ſa cuiſſe droite, tantôt ſa gauche, ſur cette cheville, tient l'enclume dans la ſituation qu'il juge la plus convenable ; *o* eſt le barreau de fer qui

entre

entre dans les trous qu'on a faits au corps de l'enclume.

Il a donc fallu percer un trou L, (*fig.* 14): pour cela on tranſporte à la grande forge le corps d'enclume F, (*fig.* 6), par les ringards *i*, *k*, qui ſont bien plus longs qu'on ne les a repréſentés dans la figure : on place ſur les charbons la face *g h*, qu'il faut chauffer ; quand elle eſt ſuffiſamment chaude, on met la face *f e* ſur le billot *b* de la grande forge ; & avec le mandrin *d* (*fig.* 5), ſur lequel on frappe à coups de maſſe, on fait le trou *i* (*fig.* 6), qui doit avoir trois pouces de profondeur, & être régulierement percé ; afin que le barreau *o* de la jauge *m*, y entre bien juſte. Comme déſormais on n'aura plus beſoin des ringards *i*, *k*, on les coupe, & on chauffe la face *f h g* (*fig.* 6), pour faire un pareil trou au milieu du deſſous de l'enclume ; quelquefois on en fait encore un à la face *f e* ; quand le barreau de la jauge eſt bien aſſujetti dans les trous, le Jaugeur (*fig.* 2), prenant un point d'appui ſur un morceau de bois qu'on voit au-deſſus de *e*, & ſaiſiſſant, à deux mains, la clef de la jauge *N*, tranſporte avec promptitude & facilité cette groſſe maſſe de fer, du feu ſur le billot *h*, & il retourne l'enclume de façon que la face qui étoit en deſſus à la forge, poſe ſur le billot, & que la face qui étoit expoſée à la chaleur du feu ſoit en deſſus. Pendant qu'on fait ces opérations à la grande forge, on prépare les miſes à la petite forge, ou plutôt elles ont été préparées d'avance, ainſi que je vais l'expliquer.

On fortifie le devant de l'enclume par une eſpece de pilaſtre G (*fig.* 10), qu'on nomme l'*Eſtomac*, ou la *Poitrine* ; on forge cette miſe telle qu'on la voit en G ; on martelle la face qui doit être poſée ſur le corps de l'enclume ; & après avoir chauffé à la grande forge la face *l k f e* du corps de l'enclume (*fig.* 6), & en même temps à la petite forge la miſe G (*fig.* 10), on la ſoude ſur le corps de l'enclume, comme on le voit en H (*fig.* 10) : il faut que la miſe ſoit bien également chauffée dans toute ſon étendue ; & bien conduire le feu de la groſſe forge, pour ne point *brûler le fer* aux angles du corps de l'enclume.

On élargit la table de l'enclume en ſoudant la miſe R (*figg.* 11), à l'endroit marqué *I*, *I* (*fig.* 12) : cette miſe qu'on nomme la *Paroi*, forme une eſpece de couronnement au pilaſtre G ; & avec la tranche S, (*Vignette*, *fig.* 13), ou la chaſſe *d* (*ibid. fig.* 5), on donne une forme arrondie à ces deux miſes qui forment des eſpeces d'arcades : ces miſes fortifient l'enclume, ſans augmenter de beaucoup ſon poids.

Quelquefois on met une pareille miſe Y (*fig.* 14) au bas de l'enclume, pour en former le pied ; mais ordinairement on forme le pied des enclumes, en rapportant ſur les côtés deux miſes (*fig.* 15), comme on le voit en *M M* (*fig.* 16) ; & le pied du milieu qui eſt pris ſur la piece G (*fig.* 10), eſt ou arrondi, comme on le voit (*fig.* 16), ou bien

avec la chaſſe *d* (*Vignette fig.* 5) , on lui donne la forme d'un petit ſocle :
aux fort groſſes enclumes , on fortifie le pied par des miſes pareilles à celles
dont nous venons de parler , mais qui ſont de moitié moins groſſes.

Le pied , la poitrine , ou l'eſtomac de l'enclume , & la paroi étant formés
& ſoudés au corps , il faut rapporter aux deux bouts de l'enclume O (*fig.* 17),
deux pieces ſemblables à N , qui font ſaillie ; ce qui ſe fait en ſoudant à l'endroit O , la miſe P (*fig.* 19) : on fait chauffer à la groſſe forge le corps de
l'enclume , ſeulement à l'endroit où l'on doit rapporter la miſe : on fait chauffer à la petite forge la partie de la miſe qui doit être ſoudée au corps de l'enclume ; il eſt clair qu'on ne peut frapper que ſur le bout de la miſe ; mais
le fer qui eſt fort chaud bourſouffle de tous les côtés ; & des Forgerons rabattent les bavures , pendant que d'autres frappent ſur le bout , après quoi la
miſe ſe trouve ſoudée , comme on le voit en N (*fig.* 17). La miſe P (*fig.* 19)
doit être de même largeur que l'enclume , y compris la paroi qui fait
partie de la table de l'enclume : cette miſe eſt formée de deux ou trois
pieces de fer ſoudées enſemble ; elle forme par le bas une eſpece de con-
ſole , & ſouvent on la fait repoſer ſur un petit talon que l'on ménage au
corps même de l'enclume : cette piece ſe nomme le *talon*. Quand elle eſt
bien ſoudée , on coupe avec la tranche le ringard *q* (*fig.* 19) ; on em-
porte avec des tranches fines , le fer qu'il y a de trop , & on acheve de
donner , à petits coups de marteau , la forme réguliere que doit avoir ce
talon.

Aux enclumes quarrées , qui ont des talons tels que ceux des figures
18 & 20 , on ſoude deux talons Q , R ; mais aux enclumes qui ont une
bigorne , on ſoude , au côté droit , une miſe conique (*fig.* 22) : cette
miſe doit être poſée ſur une ſaillie qui la fortifie en deſſous : on la répare
enſuite à la tranche ; on la pare au marteau , à petits coups , comme les
talons. Il y a des enclumes qui ont deux bigornes , une ronde , & l'autre
à pans. Ces bigornes font quelquefois un reſſaut , comme en *l* (*fig* 21) ,
qui ſe forme avec la chaſſe ; & ſouvent on fait auprès un trou quarré dans
lequel on met un ciſeau ou une tranche qui ſervent à couper le petit fer qu'on
vient de forger ; on y met encore une griffe qui ſert à faire des enroule-
ments.

Voilà l'enclume forgée ; il ne s'agit , pour la finir , que de former la
table , c'eſt-à-dire , d'en couvrir la ſuperficie avec une lame d'acier qui doit
être trempé. C'eſt ſur quoi la pratique des Ouvriers varie beaucoup.

D'abord il faut couvrir d'une lame de fer forgé , les vieilles enclumes
qu'on veut recharger d'acier , parce que l'acier ſe ſoude mieux avec le fer ,
qu'avec l'acier ; ainſi les uns commencent par couvrir de fer les vieilles
enclumes , & d'autres arrangent ſur une planche de fer Z Z (*fig.* 23) ,

des barreaux d'acier *a a*, qu'ils retiennent par des entailles faites à la planche de fer, & par un lien ou bride *b b* : en forgeant le tout enfemble, ils ont une table de fer couverte d'une lame d'acier qu'ils rapportent fur l'enclume ; & cette lame, partie fer, partie acier, contribue à lier les *talons* avec le corps de l'enclume ; elle ne s'étend point fur les bigornes, où l'on fe contente de mettre des lardons d'acier qui s'étendent de la table fur les bigornes.

D'autres plient une lame d'acier mince, & bien recuite, comme on le voit en *y* (*fig.* 24) ; ils la paffent enfuite à la forge, & ils l'appliquent par mife fur les enclumes neuves. Quand ils réparent des enclumes qui ont déja été acérées, ils foudent les mifes d'acier *y*, fur une plaque de fer *Z* ; & ils foudent l'un & l'autre enfemble fur l'enclume : cela ne fe pratique gueres que pour les petites enclumes, telles que la bigorne (*fig.* 26).

L'ufage le plus ordinaire, qui eft le plus expéditif, & qui eft fort bon, eft de tremper bien dur la verge d'acier *g* (*fig.* 25), & de la rompre par petits morceaux *f*, d'environ un pouce de hauteur.

On arrange ces petits parallélipipedes d'acier dans un chaffis de fer *i*, auquel eft foudé un ringard *h* ; on retient ces petits morceaux d'acier avec des coins auffi d'acier ; on leur donne une bonne chaude ; & après avoir frappé quelques coups de marteau fur le plat, on en donne de légers fur le champ, & fur toutes les faces, afin de les bien fouder enfemble ; on finit par frapper fur le plat, & alors on a une mife d'acier prête à être appliquée fur l'enclume : il en faut ordinairement trois pour couvrir une grande enclume. Si l'on a à charger d'acier une enclume déja acérée, on commence par fouder deffus une lame de fer ; ou bien on arrange les morceaux d'acier dans un chaffis *d* (*fig.* 25), qu'on pofe fur une femelle de fer *c c*, & l'on forge le tout enfemble : *e* eft la frette, ou le lien de fer qui contient les morceaux d'acier *f*, comme on le voit en *d*. On laiffe refroidir l'enclume dans la forge, pour que l'acier ne fe durciffe pas ; & quand l'enclume eft froide, deux Ouvriers en liment & en uniffent la table avec un gros carreau.

Les bigornes (*) des Chaudronniers, ou des Eperonniers (*fig.* 26), n'exigent pas tant de façons. Pour les fabriquer, on emploie un barreau de fer *m*, *n* (*fig.* 27), de 5, 6, ou 7 pouces en quarré, fuivant la groffeur des bigornes qu'on fe propofe de forger ; on foude une *virole* de fer en *n*, pour faire le pied ou le renflement qu'on voit en *o* (*fig.* 28) ; & l'on apppointit l'extrémité *p* de ce barreau, pour lui donner la forme qu'on

---

(*) *Bigorne.* Il eft probable que ce mot vient de *Bicorne*, c'eft-à-dire, qui a deux cornes. Néanmoins les Ouvriers appellent *Bigorne*, une enclume dont deux ou un feul talon fe terminent en pointe.

voit en *q* (*fig.* 29) : enfuite on coupe ce barreau en *m* (*fig.* 27). Alors on re-
fend le corps de la bigorne en *S* (*fig.* 28) : quelques-uns rabattent les deux
parties , comme on le voit ponctué en *t t* , & ils foudent au-deſſus la partie
u x (*fig.* 26) qui a été forgée à part : on fait enfuite les parties plates *y* avec
des miſes ; mais d'autres Ouvriers , en refendant le corps de la bigorne en *s*
(*fig.* 28) , font une gueule de loup *r* (*fig.* 29) , dans laquelle ils foudent
le tenon *S* de la figure 30 , comme on le voit en *t t* (*fig.* 31). Enfin on rap-
porte deſſus une plaque de fer chargée d'acier ; on étire les parties *t t* ; & la
bigorne (*fig.* 26) eſt finie. La premiere méthode qui eſt plus ſimple , eſt tout
auſſi bonne.

Il reſte à expliquer comment on trempe les enclumes. Pour tremper une
enclume , on ne chauffe point avec des foufflets : on fait en terre une foſſe
ou petit foſſé *a a* (*fig.* 34) , qui dans le fourneau *b b* , a un pied de profondeur verticale , & qui , par un de ſes bouts *c* , gagne par un plan incliné , la
ſurface du terrein : on poſe , de travers , ſur la partie creuſe de ce foſſé ,
des barres de fer *d , d , d* , qui doivent être aſſez fortes pour ſupporter l'enclume.

Comme il faut que la ſurface acérée de l'enclume ſoit fort dure , & qu'elle
ſoit unie , on doit éviter qu'il ne ſe leve d'écaille ſur le métal ; pour cela , on
fait une cage en tôle *e e* (*fig.* 34) , dont les bords font élevés d'environ quatre pouces ; l'étendue de cette cage doit être un peu plus grande que la table
de l'enclume.

On poſe la cage de tôle ſur les barres *d , d , d* , qui forment la grille du fourneau ; on écraſe de l'ail avec le marteau ſur la table de l'enclume ; & l'on met
dans la cage , à l'épaiſſeur d'un pouce & demi , ou deux pouces , une com-
poſition faite avec de la ſuie de cheminée , de la rapure de corne , de la pou-
dre de charbon , du ſel & d'autres drogues qu'on emploie ordinairement pour
les trempes en paquets ; ces différentes ſubſtances détrempées avec du vinai-
gre , forment une pâte qu'on étend dans la cage *e* de tôle , & ſur laquelle on
poſe la table de l'enclume ; on lutte , le plus exactement qu'il eſt poſſible , les
bords de la cage , avec le corps de l'enclume *f , f , f* ; enfuite à cinq ou ſix
pouces du corps de l'enclume , on conſtruit trois petits murs *g* , avec des pierres ou avec des briques , ou même avec des morceaux de mâchefer qu'on lie
avec de la terre rouge.

On arrange enfuite ſur les barreaux *d , d , d* , quelques tortillons de paille
entre ces petits murs , & l'enclume ; & on remplit tout le fourneau avec du
charbon de bois.

On met de la paille enflammée ſous la grille en *b b* ; les tortillons de
paille s'enflamment , & allument les charbons qui , peu à peu , tombent em-
braſés ſous la grille où il s'amaſſe beaucoup de braiſe : à meſure que le
charbon

charbon fe confume, on y en ajoute de nouveau ; car, pour chauffer une enclume, il faut près de deux demi-queues de charbon ; on continue ainfi juf-
qu'à ce que l'enclume foit devenue couleur de cerife, fi c'eft de l'acier de
Stirie, qu'on nomme *Acier de Hongrie* ; & tirant un peu au blanc, fi c'eft de
l'acier commun : alors on retire l'enclume de fon fourneau pour la jetter dans
un ruiffeau, ou dans un grand cuvier rempli d'eau fraîche, ou dans un baffin *r r*
(*fig.* 32).

Comme les talons & les pieds de l'enclume font plus évafés que le corps ;
on a la facilité de la faifir avec une chaîne *A* (*fig.* 33) ; & avec le levier *B*,
on l'enleve pour la porter promptement à l'eau.

La figure 33 repréfente l'élévation du fourneau de la figure 34, vû en perf-
pective.

Les enclumes neuves entiérement faites de bon fer forgé fe vendent communément *dix fols* la livre ; & les Forgerons ambulants achettent les effieux
rompus & les vieilles enclumes de bon fer, fur le pied d'un fol, ou 5 à 6 liards
la livre ; mais communément on leur fournit le charbon, le fer & l'acier ; &
l'on convient avec eux du prix de la façon, qui va à *dix écus*, ou 40 liv. pour
chaque enclume, fuivant les réparations qu'elle exige.

Ces mêmes Ouvriers ambulants réparent quelquefois les battants des groffes
cloches. C'eft une mauvaife méthode que de charger ces battants, en mettant
aux endroits qu'on veut fortifier, des anneaux de fer; car comme ces anneaux
s'étendent par les coups de marteau qu'on donne pour les fouder avec le battant, la mife annulaire ne fe foude jamais bien. Il eft plus à propos d'ajouter
des mifes d'autre forme, & en plus grand nombre ; mais le mieux eft de donner une bonne chaude à la partie du battant qu'on veut groffir ; de creufer avec
une groffe tranche des fillons, fuivant la longueur du battant & de rapporter
dans ces fillons des mifes auxquelles on a donné la forme d'un quartier d'o-
range.

EXPLICATION DES FIGURES.

FIGURE I. *a*, la petite forge ; *b*, le foufflet à deux vents ; *c*, le petit
Souffleur; *d*, mife qui eft à la forge ; *e*, enclume pour les mifes.

Fig. 2, 3 & 4, grande forge ; *a*, chevet de cette forge ; *h*, billot de bois
fur lequel on forge ; *c*, le Jaugeur qui eft affis fur la jauge ; *m*, manche de la
jauge ; *n*, clef qui fert à tourner l'enclume ; *o*, fer de la jauge ; au-deffus de *e*,
eft un billot qui fert de point d'appui à la jauge *m o* ; *d*, le Maître ou l'Attifeur
qui tire les craffes avec un fourgon ; *h l*, foufflets fur lefquels font montés 4
Souffleurs ; *i k*, perches qui par leur reffort relevent les foufflets.

Fig. 5, *c*, un tas; *m*, une grosse enclume finie; *d*, un mandrin ou étempe emmanché, comme un tranche; *f*, une chasse emmanchée comme un marteau, & qui sert à former les creux où le marteau ne peut atteindre.

Fig. 6, *F*, un corps d'enclume formé de quatre parallélipipedes semblables à *A* (*fig.* 7). *B*, ringard, qui après avoir été joint à la piece *A*, est ensuite comme *C* (*fig.* 8).

Fig. 9, deux pieces semblables à *A*, *C* (*fig.* 7 & 8), jointes l'une à l'autre; deux pieces semblables à *E*, *D* (*fig.* 9), forment le corps de l'enclume (*fig.* 6).

Fig. 10, *G*, mise préparée pour former l'estomac que l'on voit en place sur l'enclume *H*, *même figure*.

Fig. 11, *R*, mise préparée pour former le bandeau ou paroi *I I*, de l'enclume (*fig.* 12).

Fig. 13, *S* (*dans la vignette*), la tranche: *o*, *o*, *n*, *q*, différents marteaux: *g*, sebille pour jetter de l'eau sur le feu.

Fig. 14, une enclume renversée, pour faire voir comment on dispose quelquefois le pied des enclumes avec la mise *Y*.

Fig. 15, mise préparée pour faire le pied des enclumes avec les deux mises *M M*.

Fig. 17, enclume à laquelle il manque un talon du côté de *O*.

Fig. 18, enclume quarrée qui est pourvue de ses deux talons *Q R*.

Fig. 19, mise préparée pour former le talon *O* de l'enclume de la fig. **17**.

Fig. 20, enclume quarrée parfaite de tous points.

Fig. 21, enclume à bigorne.

Fig. 22, mise préparée pour faire la pointe de la bigorne.

Fig. 23, *a a*, barreaux d'acier arrangés sur une semelle de fer *z z*, & destinés à charger d'acier une enclume que l'on veut réparer.

Fig. 24, autre disposition d'une mise d'acier pour charger une enclume.

Fig. 25, autre façon de faire les mises d'acier.

Fig. 26, bigorne du Chaudronnier en état de perfection.

Fig. 27, barreau de fer coupé en *m*; la partie *m p* sert à faire le corps d'une bigorne; *n*, anneau ou virole que l'on y soude pour former le renflement *o* de la *fig.* 28.

Fig. 28, *s*, point où l'on fend la partie du barreau *m p* (*fig.* 27), pour faire les orillons ponctués *t t*.

Fig. 29, *r* gueule de loup faite pour recevoir la mise *s* (*fig.* 30), comme on le voit dans la *fig.* 31.

Fig. 32, bassin où l'on trempe les enclumes.

Fig. 33, fourneau où l'on chauffe les enclumes avant de les tremper.

Fig. 34, détail & coupe de ce fourneau.

Forge des Enclumes.

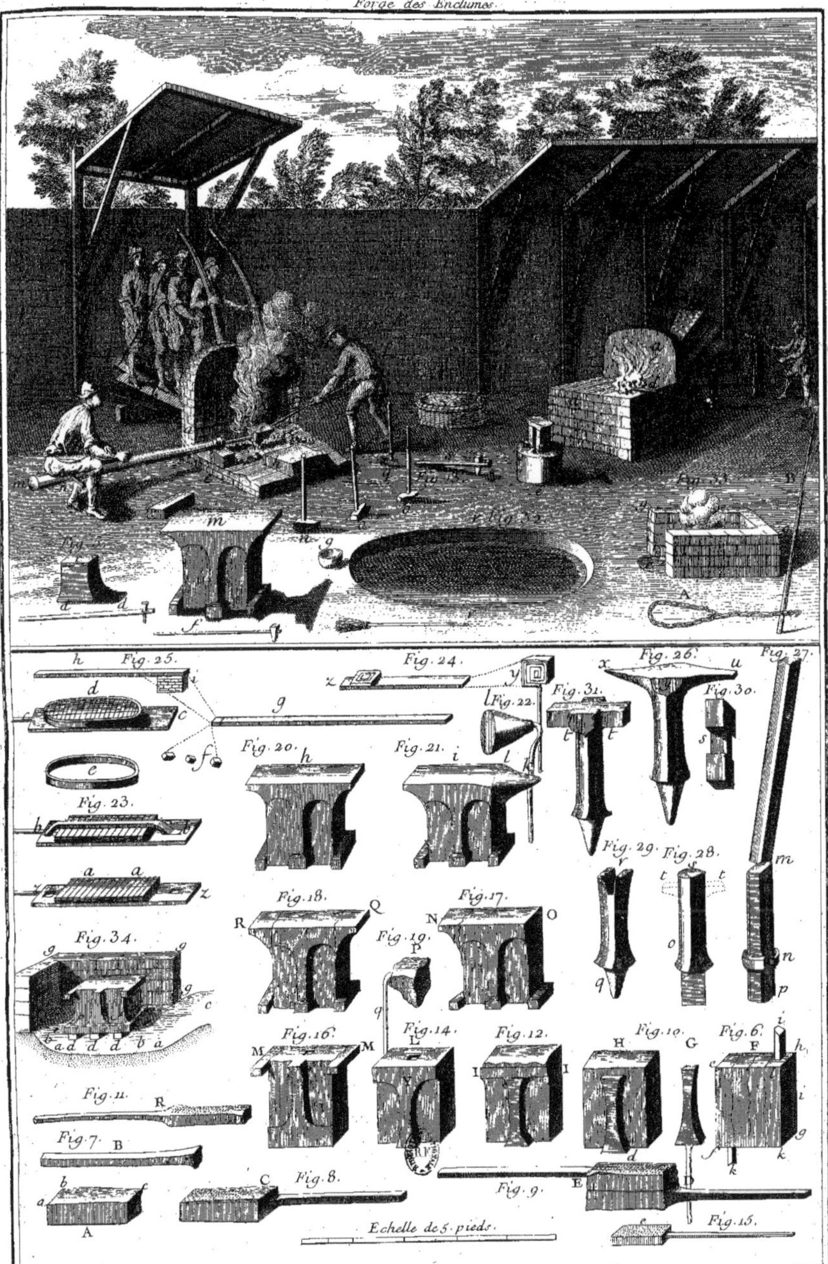

Echelle de 5 pieds.
dessinés par Bretez et Simonneau le fils.
1717 et Patte Correxit 1762.
Lucas Sculp.

EXPLICATION
De quelques termes qui ont rapport à la Forge des Enclumes.

A

ATTISEUR : Ouvrier qui avec un fourgon arrange le charbon, & retire les crasses.

B

BIGORNE : talon qui se termine en pointe. *Voy. pag. 6.* Les bigornes des Chaudronniers & des Eperonniers sont différentes de celles des Serruriers & des Maréchaux. *Voy. p. 7.*

E

ENCLUME COULÉE : ces enclumes sont faites de fer fondu. Les *Enclumes de loupe* sont faites avec du fer qui a passé à l'affinerie, qui a reçu quelques coups de marteau, mais qui n'a point été étiré : les meilleures enclumes sont faites de fer forgé & étiré.

ESTOMAC : on nomme ainsi une mise faite en forme de pilastre, & que l'on soude sur le devant des enclumes. *Voy. pag. 5.*

G

GRIFFE : piece de fer refendue : on engage dans cette fente un morceau de fer rouge dont on veut faire une volute ou d'autres arrondissements.

J

JAUGE : barreau de fer qui a un grand manche de bois ; ce manche est traversé par une cheville de bois qu'on nomme la *Clef* : la jauge sert à manier l'enclume pour la tenir en situation à la forge, & pour la transporter sur le billot où l'on soude les mises : celui qui fait cette opération se nomme *Jaugeur. V. p. 4.*

M

MANDRIN, espece de cheville acérée qu'on emmanche comme la tranche : il sert à percer le fer pendant qu'il est chaud.

MARTELER ; c'est faire avec une tranche ou un ciseau des entailles sur une piece de fer : on martele les morceaux de fer sur les faces qui doivent être soudées l'une à l'autre.

MISE ; piece de fer qu'on forge à part pour lui donner la forme qu'elle doit avoir : on l'*amorce*, c'est-à-dire, qu'on étend une de ses parties, pour qu'elle se soude plus exactement au lieu où elle doit être placée. Les *Mises de loupe* sont faites de fer encore brut : les *Mises de fer forgé* sont de fer affiné.

P

PAQUET : la *Trempe en paquet* se fait en renfermant dans une cage de tôle les pieces qu'on veut tremper au moyen de quelques substances propres à durcir le fer & l'acier. *Voy. pag. 8.*

PAROI : on nomme ainsi une mise qu'on soude au-dessus de l'*estomac*, pour élargir la table : cette mise forme une espece de bandeau qui sert de couronnement à l'*estomac. Voy. pag. 5.*

PIED : c'est le bas de l'enclume qu'on élargit par des mises. *Ibid.*

POITRINE ; c'est la même chose qu'*estomac. Ibid.*

R

RADOUBER ; c'est rétablir une enclume rompue dans quelques-unes de ses parties.

RINGARD, barreau de fer qu'on soude à un morceau de fer pour le manier plus commodément à la forge, & sur l'enclume : c'est une piece postiche qu'on retranche après que la piece de fer a été forgée & soudée au lieu où elle doit être.

S

SEBILLE : Jatte de bois.

SOUFFLEURS ; ce sont les Ouvriers qui font jouer les soufflets.

T

TABLE : la table d'une enclume est la face supérieure sur laquelle on forge.

TALON ; c'est une partie qui alonge l'enclume seulement par le haut : il est essentiel que cette mise soit bien soudée au corps de l'enclume, parce qu'elle est fréquemment exposée à recevoir de grands coups de marteaux. *Voy. pag. 6.*

TAS : on nomme ainsi une enclume qui n'est ordinairement qu'un parallélipipede.

TRANCHE ; c'est un gros ciseau acéré, figuré comme un coin : on l'emmanche au bout d'un morceau de bois, & on frappe dessus pour couper le fer chaud.

FIN DE LA FORGE DES ENCLUMES.

De l'Imprimerie de H. L. GUERIN & L. F. DELATOUR. 1762.